混声合唱曲集

出来そこないの天使たち

谷 郁雄 作詩
信長貴富 作曲

JN219672

カワイ出版

混声合唱曲集

出来そこないの天使たち

本作は、まくべつ混声合唱団（北海道幕別町）の創立30周年を記念する演奏会のために作曲したものです。光栄にも拙作だけでプログラムを組んで下さり、まず初期の代表的な曲集である《思い出すために》、次に編曲作品《近代日本名歌抄》、そして最終ステージとして新作が初演されるという演目が作曲以前に決定していました。演奏会全体のバラエティとしても、また拙作を俯瞰するという意味でも、新作は響きが明るく活き活きとしたノリを示せるものが良いように思え、構想を練りました。

そうして行き着いたのが谷郁雄さんの詩です。日常のなかにある喜び悲しみが平明かつ新鮮な言葉で表されている谷さんの詩集『定員オーバー』（理論社）、『自分にふさわしい場所』（理論社）、『実況中継』（実業之日本社）から四つの詩を選びました。曲集のタイトル《出来そこないの天使たち》は第３曲「人はみんな」の終結部から採ったものです。

まくべつ混声合唱団の皆さんが熱意を持って作品に向き合ってくださり、エネルギーあふれる感動的な初演を実現してくださいました。指揮の小林徹士先生、ピアノの角良子先生、まくべつ混声合唱団の皆さま、各位に心から感謝申し上げます。

2018年10月

信長貴富

混声合唱曲集

出来そこないの天使たち

1. 取扱説明書 ……［3分25秒］…… 5

2. 夢の一行目 ……［3分50秒］…… 18

3. 人はみんな ……［7分00秒］…… 26

4. 路上ライブ ……［4分20秒］…… 47

詩 …… 67

●全曲の演奏時間＝約 18 分 35 秒

皆様へのお願い

楽譜や歌詞・音楽書などの出版物を権利者に無断で複製（コピー）することは、著作権の侵害（私的利用など特別な場合を除く）にあたり、著作権法により罰せられます。また、出版物からの不法なコピーが行われますと、出版社は正常な出版活動が困難となり、ついには皆様方が必要とされるものも出版できなくなります。

音楽出版社と日本音楽著作権協会（JASRAC）は、著作者の権利を守り、なおいっそう優れた作品の出版普及に全力をあげて努力してまいります。どうか不法コピーの防止に、皆様方のご協力をお願い申しあげます。

カ　ワ　イ　出　版

一般社団法人　日本音楽著作権協会

携帯サイトはこちら▶

出版情報＆ショッピング　カワイ出版ONLINE　http://editionkawai.jp

委　嘱　　まくべつ混声合唱団
初　演　　2015年11月15日／幕別町百年記念ホール
《まくべつ混声合唱団創立30周年記念第24回特別演奏会
一信長貴富の世界一》
指　揮　小林徹士
ピアノ　角　良子

1. 取扱説明書

谷　郁雄　作詩
信長貴富　作曲

© 2018 by edition KAWAI, a division of Zen-On Music Co., Ltd.
楽譜・音楽書等出版物を複写・複製することは法律により禁じられております。

11
ひ ー ろ が り の な か に
ひ ー ろ が り の な か に

B
Soprano
15
mf
こ ー こ ろ が 芽 ー 生 え る
Alto
mf
こ ー こ ろ が 芽 ー 生 え る
こ ー こ ろ が 芽 ー 生 え る
こ ー こ ろ が 芽 ー 生 え る
B

19
p
f
ゆーっくり ゆーっくり せいちょう してゆく
ゆーっくり ゆーっくり せいちょう してゆく
ゆーっくり ゆーっくり せいちょう してゆく
ゆーっくり ゆーっくり せいちょう してゆく
(sempre mf)
C
23
mf
ほかのこころ と めぐり合い もとめ合う きょぜつし合う
ほかのこころ と めぐり合い きょぜつし合う

27
mf
f
più f
ほかの こころ と めぐり合い もとめ合う もとめ合う
ほかの こころ と めぐり合い きょぜつ し合う
ほかの こころ と めぐり合い もとめ合う もとめ合う
ほかの こころ と めぐり合い きょぜつ し合う
cresc.
D
31
あいすること を知り ー
あいすること を知り ー
にくむこ とも知り
にくむこ とも知り
D

35
ff
こころはむげんの じくうのなかをさ まよいつかれてに くたいのいえに閉
こころはむげんの じくうのなかをさ まよいつかれてに くたいのいえに閉
こころはむげんの じくうのなかをさ まよいつかれてに くたいのいえに閉
こころはむげんの じくうのなかをさ まよいつかれてに くたいのいえに閉
Ped.
39
じこもる こころは
じこもる こころは
じこもる こころは
じこもる こころは

E
43
mf
む ー げ ん の じ ー く う の
mf
む ー げ ん の じ ー く う の
mf
あ ー る ようで な ー い も の
mf
あ ー る ようで な ー い も の
E
mf
47
ひ ー ろ が り の な か に
ひ ー ろ が り の な か に
な ー い ようで あ ー る も の
な ー い ようで あ ー る も の

F
51
fp f fp f
こー ーころが 芽ー ー生える
fp f fp f
こ ーころが 芽 ー生える
mf f
ほかの こころ と めぐり合い もとめ合う きょぜつし合う
mf f
ほかの こころ と めぐり合い きょぜつ し合う
F
55
mf p f
ゆーっくり せいちょう してゆく
mf p f
ゆーっくり ゆーっくり せいちょう してゆく
mf p f
ゆーっくり ゆーっくり せいちょう してゆく
mf p f
ゆーっくり ゆーっくり せいちょう してゆく
p
Ped.

G
59
f
みらいを ゆめ見ー死 をーおそ れ
みらいを ゆめ見ー死 を おそ れ U
みらいを ゆめ見ー死 を おそ れ U
みらいを ゆめ見ー死 を おそ れ U
mf
Ped.
63
sub.p
えいえんを えい えんを えいえん をねがう
えいえん をねがう
えいえんを えい えんをえいえんを えいえん をねがう
えいえんを えいえんを えいえん をねがう
Ped.

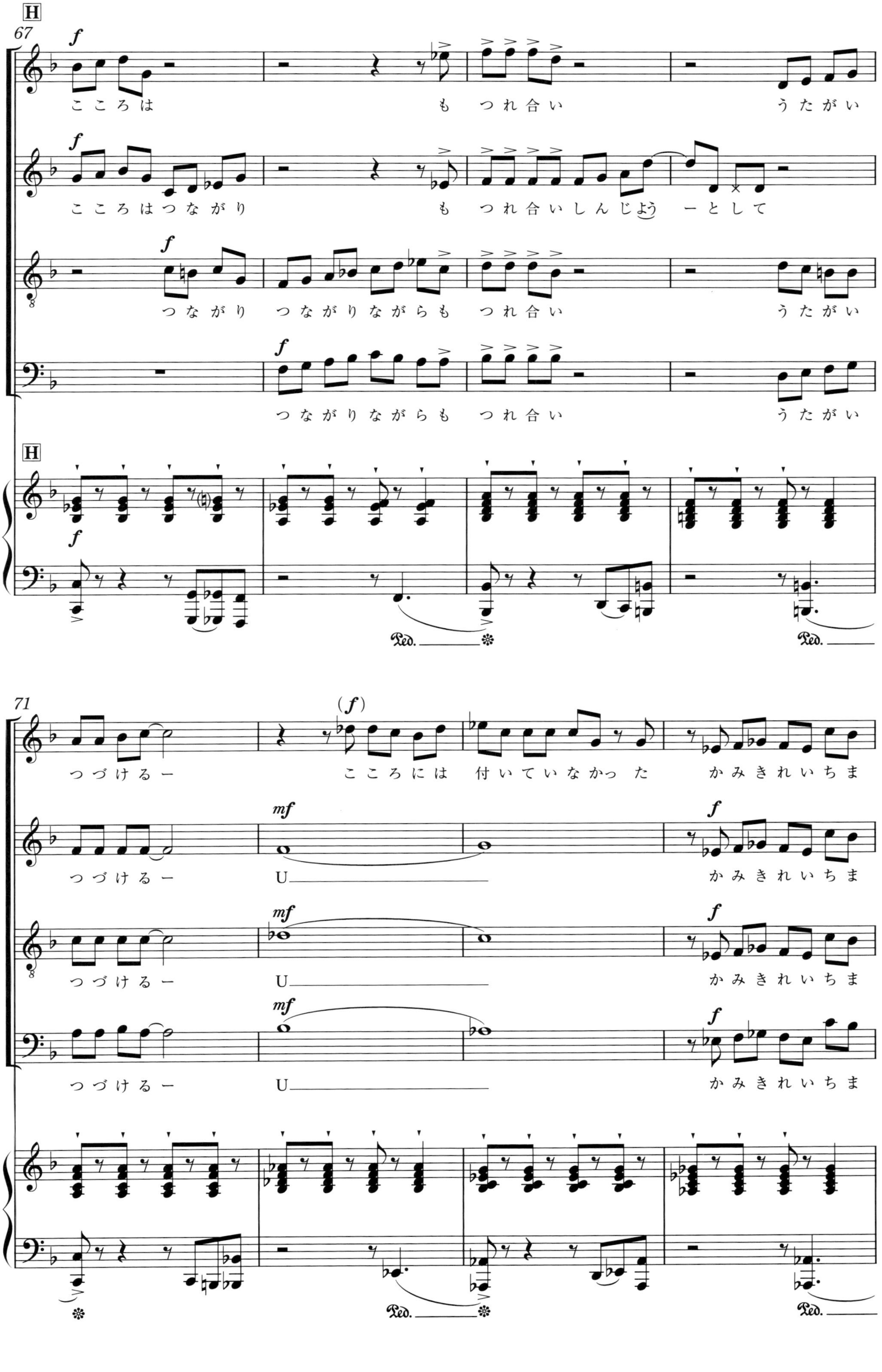
H
67
こころは　もつれ合い　うたがい
こころはつながり　もつれ合いしんじよう　ーとして
つながり　つながりながらも　つれ合い　うたがい
つながりながらも　つれ合い　うたがい
71
つづけるー　こころには　付いていなかった　かみきれいちま
つづけるー　U　かみきれいちま
つづけるー　U　かみきれいちま
つづけるー　U　かみきれいちま

75
いのー ー
いのー ー
いのー ー
いのー ー
Ped.
78
f
とりあつかいせ つめいしょ さえ
f
とりあつかいせ つめいしょ さえ
f
とりあつかいせ つめいしょ さえ
f
とりあつかいせ つめいしょ さえ
Ped.

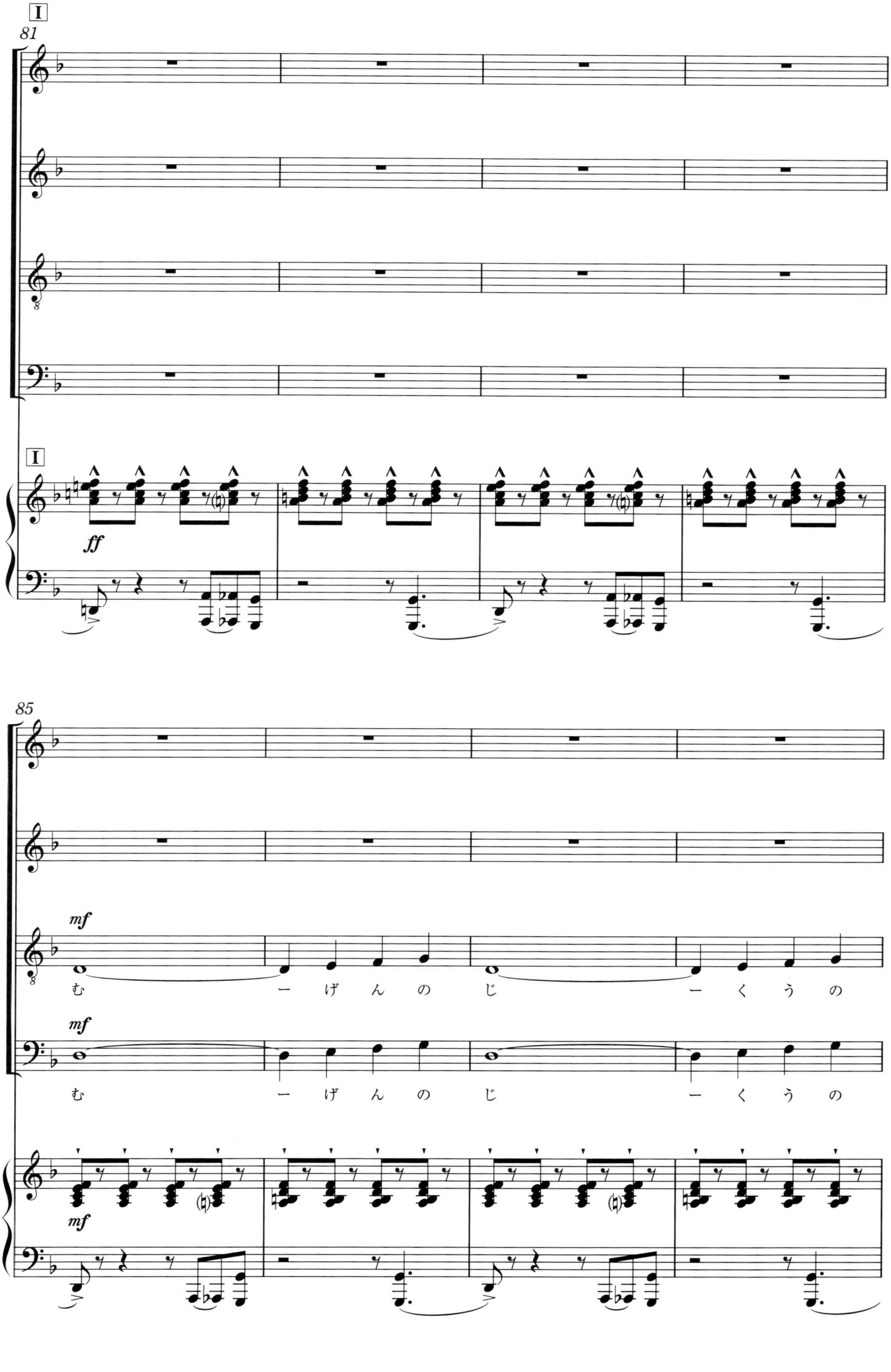
I
81
I
ff
85
mf
mf
む ー げ ん の じ ー く う の
む ー げ ん の じ ー く う の
mf

89
ひ ー ろ が り の な
ひ ー ろ が り の な
92
J
mf
こ ー こ ろ が
mf
こ ー こ ろ が
か に こ ー こ ろ が
か に こ ー こ ろ が
J

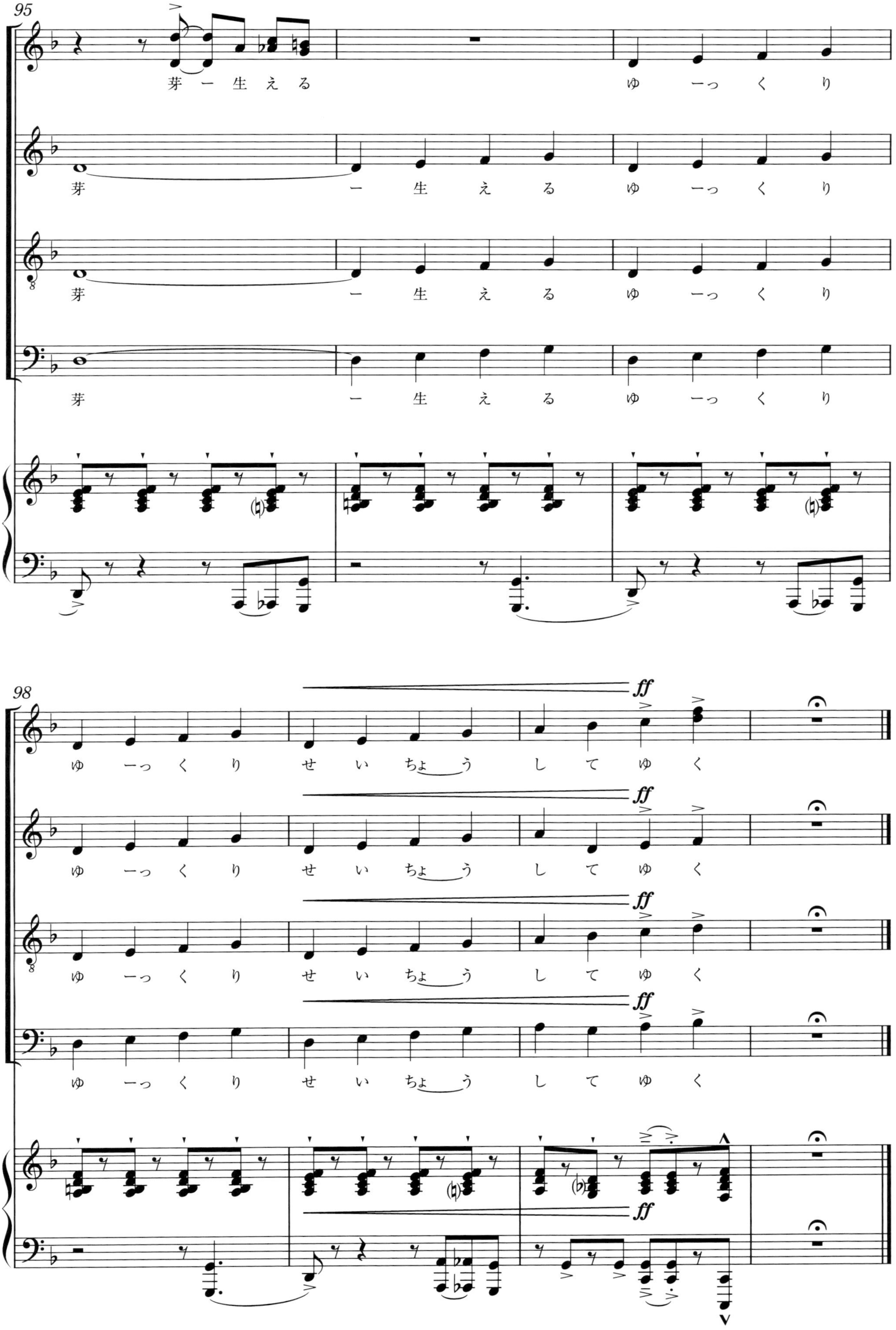
95
芽ー生える
ゆーっくり
芽ー生える
ゆーっくり
芽ー生える
ゆーっくり
芽ー生える
ゆーっくり
98
ff
ゆーっくりせいちょうしてゆく
ff
ゆーっくりせいちょうしてゆく
ff
ゆーっくりせいちょうしてゆく
ff
ゆーっくりせいちょうしてゆく
ff

2. 夢の一行目

谷　郁雄　作詩
信長貴富　作曲

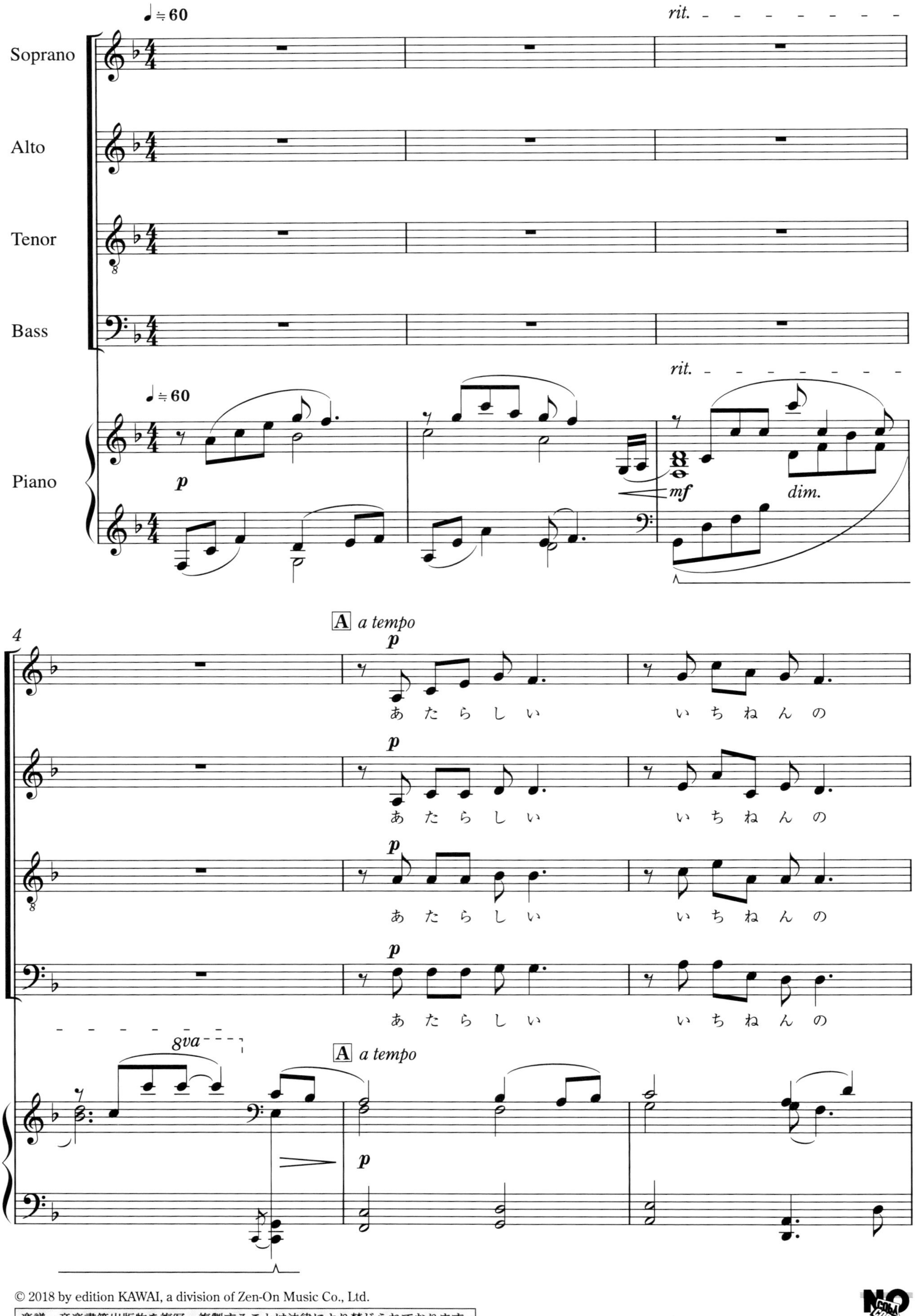

© 2018 by edition KAWAI, a division of Zen-On Music Co., Ltd.
楽譜・音楽書等出版物を複写・複製することは法律により禁じられております。

7
くうきが ゆーっくり にちじょうに もどってゆく
U ゆーっくり にちじょうに もどってゆく
U ゆーっくり にちじょうに もどってゆく
U ゆ ゆっくり にちじょうに もどってゆく
11
B
cresc. mf p
ゆーっくり U U
cresc. mf p
ゆーっくり U U
cresc. mf p
ゆーっくりーーー U
cresc. mf mf
ゆーっくりー なべのなかでは 煮えている
cresc. mf mp

15
U
ぐつぐつ 煮えている
イカとダイコンが ぐつぐつ 煮えている
U
ぐつぐつ 煮えている
イカとダイコンが ぐつぐつ 煮えている
19
un poco riten.
ゆーく ー
にちじょうにも どって ゆーく ゆーっくり
p cresc.
ゆーっくり ゆーっくり ゆ く ゆーっくり
p cresc.
ゆーっくり ゆーっくり ゆー く ゆーっくり
p cresc.
ゆーっくり ゆーっくり ゆ く ゆーっくり
mp cresc.
un poco riten.

23
C a tempo
p
平凡であることを　かなしんではいけない
C a tempo
p
27
accel. al
p cresc.
U
p
非凡であることを　じまんしてはいけないー
p
非凡であることを　じまんしてはいけないーー
p
U
U
accel. al
p cresc.

D ♩≒69
31
mf
f
缶 ビールの アルコールが たいないを めぐり めぐり ぼく
缶 ビールの アルコールが たいないを めぐり めぐり ぼく
缶 ビールの アルコール ゆっくり たいないを めぐり めぐり ぼく
缶 ビールの アルコールが たいないを めぐり めぐり ぼく
35
rit.
は ゆめを 見る ゆめを 見る ー ー にち
は ゆめを 見る ゆめを 見る ゆめを 見る ー にち
は ゆーっくり ゆめを 見る ゆめを 見る ゆめを にち
は ゆーっくり ゆめを 見る ゆめを 見る ゆめを にち

39
E Un poco più mosso
じょうに向かってまっすぐに伸びてゆくぼくのぼくの
じょうに向かってまっすぐに伸びてゆくぼくのぼくの
じょうに向かってまっすぐに伸びてゆくぼくのぼくのぼくの
じょうに向かってまっすぐに伸びてゆくぼくのぼくのぼくの
E Un poco più mosso

43
un poco riten.
ff
しんねんのゆめのいちぎょうめいちぎょうめにち
ff
しんねんのゆめのゆめのいちぎょうめいちぎょうめにち
ff
しんねんのゆめのーいちぎょうめいちぎょうめにち
ff
しんねんのゆめのーいちぎょうめいちぎょうめにち
un poco riten.
ff

47
F a tempo
じょう に 向 かっ て まっ す ぐ に 伸 び て ゆ く ぼ く
じょう に 向 かっ て まっ す ぐ に 伸 び て ゆ く ぼ く
じょう に 向 かっ て まっ す ぐ に 伸 び て ゆ く ぼ く
じょう に 向 かっ て まっ す ぐ に 伸 び て ゆ く ぼ く
F a tempo
50
の ぼ く の し ん ね ん の ゆ め の い ち ぎょう
伸 び て ゆ く ぼ く の し ん ね ん の ゆ め の い ち ぎょう
伸 び て ゆ く ぼ く の し ん ね ん の ゆ め の い ち ぎょう
伸 び て ゆ く ぼ く の し ん ね ん の ゆ め の い ち ぎょう

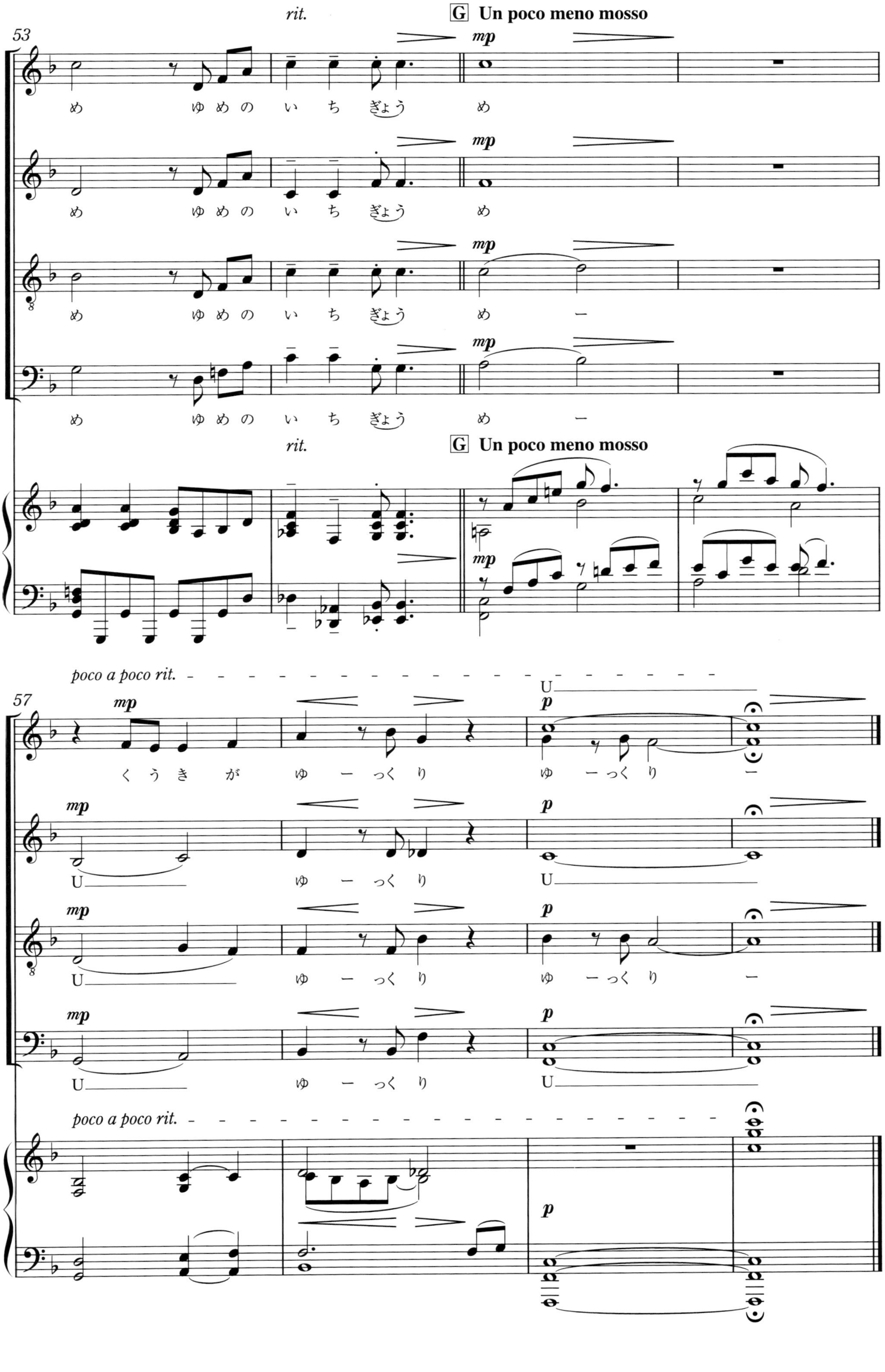
rit.
G Un poco meno mosso
53
mp
め　ゆめの　いち　ぎょう　め
め　ゆめの　いち　ぎょう　め
め　ゆめの　いち　ぎょう　め　ー
め　ゆめの　いち　ぎょう　め　ー
rit.
G Un poco meno mosso
mp
poco a poco rit.
57
mp
p
U
くうきが　ゆーっくり　ゆーっくりー
U　ゆーっくり　U
U　ゆーっくり　ゆーっくりー
U　ゆーっくり　U
poco a poco rit.
p

3. 人はみんな

谷　郁雄　作詩
信長貴富　作曲

© 2018 by edition KAWAI, a division of Zen-On Music Co., Ltd.
楽譜・音楽書等出版物を複写・複製することは法律により禁じられております。

13
だっ た ー ー
だっ た ー ー
mp
な つ の
mp
な つ の
cresc.
17
B
日射しに あせを かき ー ふゆの かぜには ほねまで こ ご え
日射しに あせを かき ー ふゆの かぜには ほねまで こ ご え
B
mp
p

21
mf p mp p
U
U
mp mp
風邪を引いて ねつを出しー
しごとをやすんで
風邪を引いて ねつを出しー
しごとをやすんで
風邪を引いて ねつを出しー
しごとをやすんで
mf mp

25
mf
レンタル ビデオを 観てみたかーっ
レンタル ビデオを 観てみたかーっ
レンタル ビデオを 観てみたかーっ
レンタル ビデオを 観てみたかーっ
mf mp mf mp

C
28
た ー
た ー
た ー
た ー
C
mf
dim.
31
p
天使の ねがいは にんげんになる こと
p
天使の ねがいは にんげんになる こと
p

35
mp
コ ーヒーに
だっ た ー ー
だっ た ー ー
cresc.
39
D
mp
ち い さ な スプーンでかき混ぜて みたかっ た ー
さとうと ミルクを 入れてー
mp
ものごとが
mp
ものごとが
D
mp
p
cresc.

43
mp
Hum.
落ち込んでしまって
mf
はげましてー
ー
もらいたかっ
mp
Hum.
落ち込んでしまって
mf
はげましてー
ー
もらいたかっ
おもい通りに行かず
だれかに
mf
はげましてー
ー
もらいたかっ
おもい通りに行かず
だれかに
mf
はげましてー
ー
もらいたかっ
mp
mf
47
un poco rit.
たーーー
たーーー
たーーー
たーーー
un poco rit.

E a tempo
51
mp
むしばの いたみ に 耐 え な が ら ー
E a tempo
p
mp
55
mp
しめきり 過ぎた エッ セイをてつやで 書いてみ たかっ た
p
mp

59
pp
ふゆのあさに死んでしまったハムスターを－さくらの木の根もと
pp mp
さくらの木の根もと
pp
mp

63
cresc.
espr.
f
riten.
mp
に埋めてはるが来るのを－待ちたかっ
に埋めてはるが来るのを－－－
p cresc.
U
はるが来るのを－－－
はるが来るのを－－－
(Si)
espr.
cresc.
f

F
a tempo
67
た ー ー ー
F
a tempo
p
pp
(Ped.)
71
p
天使の ねがいは にんげんに なる こと
p
天使の ねがいは にんげんに なる こと
p

75
pp
え い
pp
え い
だっ た ー ー
pp
え い
だっ た ー ー
pp
え い
79
えんのいのちを捨てー にんげんになること
えんのいのちを捨てー にんげんになること
えんのいのちを捨てー にんげんになること
えんのいのちを捨てー にんげんになること
pp

83
mf p f
rit. - - - - - -
だっ た ー ー ー
だっ た ー ー ー
だっ た ー ー ー
だっ た ー ー ー
rit. - - - - - -
mf
f
dim. - - - - - - - - - - - -
G Un poco meno mosso
87
p mf
に ん げ ん に こ い を し て
よ ろ こ び か な し み の あ じ を 知 る ー
p mf
に ん げ ん に こ い を し て
よ ろ こ び か な し み の あ じ を 知 る ー
p mf
よ ろ こ び か な し み の あ じ を 知 る ー
G Un poco meno mosso
p
mf

poco a poco accel.
rit.
91
p
mf
cresc.
f
天使の ねがいは ー
天使の ねがいは
sub.p poco a poco cresc.
H Tempo I ♩. = 80 ~ 88
95
老いたからだを ー ー
老いたからだ ー を ー ー

99
ひ ーっ し で さ さ え ー え き へ と
ひ ーっ し で さ さ え ー え き へ と
ひ ーっ し で さ さ え ー え き へ と
ひ ーっ し で さ さ え ー え き へ と
103
mp
つ づ く な が い さ か み ち を
mp
つ づ く な が い さ か み ち を
mp
つ づ く な が い さ か み ち さ か み ち
mp
つ づ く な が い さ か み ち を
mp

107
cresc.
あ る い て み た か ーっ た ー ー ー
あ る い て み た か ーっ た ー ー さ
を ー ー ー あ る い て み た か ーっ
O あ る い て み た か ーっ
111
rit.
I a tempo
f
ー ー ー 過 ぎ 去 ーっ た す
か み ち を 過 ぎ 去 ーっ た す
た ー ー 過 ぎ 去 ーっ た す
た ー ー 過 ぎ 去 ーっ た す

115
べ て の 日 々 を お も い 出 し
べ て の 日 々 を お も い 出 し
べ て の 日 々 を お も い 出 し
べ て の 日 々 を お も い 出 し
119
な が ー ら ー 死 の しゅ
な が ー ら ー 死 の しゅ
な が ー ら ー 死 の しゅ
な が ら な が ー ら 死 の しゅ

123
mf
んかんをーむかえてみたか
127
ff
J
ーーったー過ぎ去ーったす

131
べ て の 日 々 を お も い 出 し
べ て の 日 々 を お も い 出 し
べ て の 日 々 を お も い 出 し
べ て の 日 々 を お も い 出 し
135
な が ー ら ー 死 の しゅ
な が ー ら ー 死 の しゅ
な が ら ま え む き に 死 の しゅ
な が ら ま え む き に 死 の しゅ

139
ん か ん を ー む か え て み た か ーっ
ん か ん を ー む か え て み た か ーっ
ん か ん を ー む か え て み た か ーっ
ん か ん を ー む か え て み た か ーっ
143
mp
た ー ー む か え て み た か ーっ
mp
た ー ー む か え て み た か ーっ
mp
た ー ー む か え て み た か ーっ
mp
た ー ー む か え て み た か ーっ
mp

147
K
た ー ー ー
た ー ー ー
p
ひ と は
た ー ー ー
p
ひ と は
た ー ー ー
K
p
p
152
み ん な て ん し の ー ー 生 ま れ 変 わ
み ん な て ん し の ー ー 生 ま れ 変 わ

157
p
地上に暮らすことをつよく
p
地上に暮らすことをつよく
り ー ー
り ー ー
161
poco a poco rit.
p
ねがいすぎた
出来そこないのてん
p
ねがいすぎた
出来そこないのてん
p
出来そこないのてん
p
出来そこないのてん
poco a poco rit.
mp
p

165
a tempo
し た ち ー ー ー
し た ち ー ー ー
し た ち ー ー ー
し た ち ー ー ー
a tempo
169
173
rit.
pp

4. 路上ライブ

谷　郁雄　作詩
信長貴富　作曲

© 2018 by edition KAWAI, a division of Zen-On Music Co., Ltd.
楽譜・音楽書等出版物を複写・複製することは法律により禁じられております。

9
こ ーころにー ああ ーうたよ
こ ーころにー ああ ーうたよ
こ ーころにー ああ ーうたよ
こ ーころにー ああ ーうたよ
12
fp f
ー 突き刺ーされ ー
fp f
ー 突き刺ーされ ー
fp f
ー 突き刺ーされ ー
fp f
ー 突き刺ーされ ー

15
B
B
18
mp
た ど た ど し く
ギ タ ー
mp
Hum.
mp
Hum.
mp
Hum.
dim.
mp

21
つまびきー
ー
あどけな
U
U
あどけな
U
24
さの のーこ る こえで うたう
さの のーこ る こえで うたう

27
C
mf
自分 でー 詞 を 書 い て きょ く だっ て 自 分 で ー 付 け た
C
mf
30
ー なる べ く ひとど お り の ー 多 い 場所を えらん

33
sub.p cresc.
で ぜんしん ぜん れいで きみ は うた
で ぜんしんぜん れ いで きみ は うた
で ぜんしんぜん れ いで きみ は きみは うた
で ぜんしんぜん れ いで きみ は きみは うた
p cresc.
36
う きみ は さけ ぶ
う きみ は さけ ぶ
う ささやく きみ は きみは さけ ぶ
う ささやく きみ は きみは さけ ぶ
(Re)

39
D
f
ああ ーうたよ ー ひとーの こ ーころに
ああ ーうたよ ー ひとーの こ ーころに
ああ ーうたよ ー ひとーの こ ーころに
ああ ーうたよ ー ひとーの こ ーころに
D
L.H.
42
ー ああ ーうたよ ー 突き 刺ーさ
ー ああ ーうたよ ー 突き 刺ーさ
ー ああ ーうたよ ー 突き 刺ーさ
ー ああ ーうたよ ー 突き 刺ーさ

45
mf
れ ー ああ ーうたよ
れ うたよ U
れ ーうたよ ああ ーうたよ
れ うたよ U
48
cresc.
ー ひとーのこ ーころにー
ー U ああ
ー ひとーのこ ーころにー うたよ
ー U

51
f
ff
ああ　ー　う　た　よ　ー　突　き　刺ー　さ　れ
f
ff
ー　ー　う　た　よ　ー　突　き　刺ー　さ　れ
f
ff
ああ　ー　う　た　よ　ー　突　き　刺ー　さ　れ
f
ff
ああ　ー　う　た　よ　ー　突　き　刺ー　さ　れ
f
cresc.
ff
54
ー
ー
ー
ー

E
57
p
無 視 し て と お り 過 ぎ ー る ひ と ひ と
p
無 視 し て と お り 過 ぎ ー る ひ と ひ と ひ
p
無 視 し て と お り 過 ぎ ー る ひ と ひ と
p
無 視 し て と お り 過 ぎ ー る ひ と ひ と ひ
E
mf
p
simile
60
ひ と ひ と よ こ め で ち ら り だ け
と ひ と ひ と よ こ め で ち ら り だ け
ひ と ひ と よ こ め で ち ら り だ け
と ひ と ひ と よ こ め で ち ら り だ け
mf
p

63
ーのひと ひと ひと ひと
ーのひとひと ひと ひと ひと
mp
ーのひと ひと ひと ひと あしを止めてからだ
mp
ーのひとひと ひと ひと ひとあ しを止めてからだ
mp
66
mp
なみだ ぐむひとー
mp
揺らすひと うっ すらと なみだぐむひと
揺らすひと
揺らすひと

69
cresc.
f
ひ と ー ひ と ひ と ひ と
cresc.
f
ひ と ひ と ひ と ー ひ と ひ と
cresc.
f
ひ と ー ひ と ひ と ひ と
cresc.
f
ひ と ひ と ひ と ー ひ と ひ と
(Re)
cresc.
f
72
F
f
き み は ー ゆ う き を 出
f
き み は き み は ゆ う き を 出
f
き み は き み は ゆ う き を 出
f
き み は き み は ゆ う き を 出
F
p
f
L.H.

75
し て ー き み は いっ きょ く いっ
し て ー き み は いっ きょ く いっ
し て ー き み は いっ きょ く いっ
し て ー き み は いっ きょ く いっ
78
ff
きょ く う た を つ な げ る ー ー 見 え ー な
きょ く う た を つ な げ る ー ー 見 え ー な
きょ く う た を つ な げ る ー ー 見 え ー な
きょ く う た を つ な げ る ー ー 見 え ー な

81
い 希 望 ー の と り に な れ と こ と ば を まっ す ぐ 解
い 希 望 ー の と り に な れ と こ と ば を まっ す ぐ 解
い 希 望 ー の と り に な れ と こ と ば を まっ す ぐ 解
い 希 望 ー の と り に な れ と こ と ば を まっ す ぐ 解
L.H.
L.H.
84
き は な つ！ ー ー
き は な つ！ ー ー
き は な つ！ ー ー
き は な つ！ ー ー

86
mf
cresc.
88
G
f
ああ ー う た よ ー ひ とー の こ ー こ ろ に
ああ ー う た よ ー ひ とー の こ ー こ ろ に
ああ ー う た よ ー ひ とー の こ ー こ ろ に
ああ ー う た よ ー ひ とー の こ ー こ ろ に
G
f

※Ten. solo (or soli) はAltoが担当しても良い。

97
A
ー ひ と ー の こ ー こ ろ に ー
ー ひ と ー の こ ー こ ろ に ー
A
ー ひ と ー の こ ー こ ろ に ー
ー ひ と ー の こ ー こ ろ に ー
100
A
ああ ー う た よ ー 突 き 刺 ー さ れ
ああ ー う た よ ー 突 き 刺 ー さ れ
A
ああ ー う た よ ー 突 き 刺 ー さ れ
ああ ー う た よ ー 突 き 刺 ー さ れ

103
H
tutti
ff
ー　ああ　ーうたよ　ー　ひとーの
ー　ああ　ーうたよ　ー　ひとーの
ー　ああ　ーうたよ　ー　ひとーの
ー　ああ　ーうたよ　ー　ひとーの
106
こ　ーころに　ー　ああ　ーうたよ
こ　ーころに　ー　ああ　ーうたよ
こ　ーころに　ー　ああ　ーうたよ
こ　ーころに　ー　ああ　ーうたよ

109
fff
ー 突き 刺ー さ れ ー
ー 突き 刺ー さ れ ー
ー 突き 刺ー さ れ ー
ー 突き 刺ー さ れ ー
8va
3
112
riten.
ああ ー
ああ ー
ああ ー
ああ ー
(8va)
riten.

物事が
思い通りに行かず
落ち込んでしまって
誰かに励まして
もらいたかった

虫歯の痛みに耐えながら
締切りを過ぎたエッセイを
徹夜で書いてみたかった

冬の朝に死んでしまった
ペットのハムスターを
桜の木の根元に埋めて
春が来るのを待ちたかった

電車に乗って
知らない駅で降りて
その街の小さな劇場で
ストリップショーを観たかった

老いた身体を
必死で支え
駅へと続く
長い坂道を
歩いてみたかった

過ぎ去った
すべての日々を
思い出しながら
前向きに
死の瞬間を
迎えてみたかった

人はみんな
天使の生まれ変わり
地上に暮らすことを
強く願いすぎた
出来そこないの
天使たち

出典『自分にふさわしい場所』（理論社）

4. 路上ライブ

たどたどしく
ギター爪弾き
あどけなさの
残る声で歌う

自分で
詞を書いて
曲だって
自分で付けた

詞は
黄色いノートに綴り
曲は
鼻歌から編み出して

なるべく
人通りの多い場所を選んで
全身全霊で
君は歌う
君は叫ぶ
君は囁く

歌よ
人の心に突き刺されと
願いながら

無視して
通り過ぎる人
横目で
ちらりだけの人
足を止めて
身体を揺らす人
うっすらと涙ぐむ人

君は
勇気を出して
一曲一曲
歌をつなげる
見えない希望の鳥になれと
言葉をまっすぐ解き放つ！

出典『実況中継』（実業之日本社）

※傍線部は付曲されていない。

出来そこないの天使たち

谷 郁雄

1. 取扱説明書

無限の時空の
広がりの中に

心が芽生える

ゆっくり成長してゆく

他の心とめぐり合い

求め合う
拒絶し合う

愛することを知り
憎むことも知り

心は無限の
時空の中を
彷徨い疲れて
肉体の家に
閉じこもる

未来を夢見
死を恐れ
永遠を願う

あるようで
ないもの
ないようで
あるもの

心はつながり
つながりながら
もつれ合い
信じようとして
疑い続ける

心には付いていなかった
紙切れ一枚の
取扱説明書さえ

出典『定員オーバー』（理論社）

2. 夢の一行目

新しい一年の空気が
ゆっくり
日常に戻ってゆく

鍋の中では
イカとダイコンが
ぐつぐつ煮えている

平凡であることを
悲しんではいけない
非凡であることを
自慢してはいけない

缶ビールのアルコールが
ゆっくり
体内をめぐり
ぼくは夢を見る

日常に向かって
まっすぐに
伸びてゆく

ぼくの
新年の
夢の一行目

出典『定員オーバー』（理論社）

3. 人はみんな

天使の願いは
人間になることだった

永遠の命を捨て
つかのまの命を手に入れる
人間の女に恋をして
歓びと悲しみの味を知る

夏の日射しに
汗をかき
冬の風には
骨まで凍え

風邪を引いて
熱を出し
仕事を休んで
レンタルビデオを
観てみたかった

コーヒーに
砂糖と
ミルクを入れて
小さなスプーンで
かき混ぜてみたかった

混声合唱曲集 **出来そこないの天使たち** 谷《たに》 郁雄《いくお》 作詩／信長貴富《のぶながたかとみ》 作曲

●発行所＝カワイ出版（株式会社 全音楽譜出版社 カワイ出版部）
〒161-0034 東京都新宿区上落合 2-13-3　TEL 03-3227-6286 ／ FAX 03-3227-6296
出版情報 **http://editionkawai.jp**

●楽譜浄書＝神田屋　●印刷・製本＝平河工業社

ⓒ 2018 by edition KAWAI, a division of Zen-On Music Co., Ltd.

●楽譜・音楽書等出版物を複写・複製することは法律により禁じられております。落丁・乱丁本はお取り替え致します。
本書のデザインや仕様は予告なく変更される場合がございます。

ISBN978-4-7609-1983-3

2018年11月1日　第1刷発行
2024年7月1日　第4刷発行